Heilswege

Mit Christus auf dem Weg

Verlag Haus
Altenberg GmbH
Düsseldorf

Impressum

Bibliografische Information der Deutschen Nationalbibliothek. Die Deutsche Nationalbibliothek verzeichnet diese Publikation in der Deutschen Nationalbibliografie: detaillierte bibliografische Daten sind im Internet über http://dnb-d-nb.de abrufbar.

Impressum

Heilswege – Mit Christus auf dem Weg

Texte: Pfr. Albert L. Miorin

Fotos: Klaus Hochhuber

Die Reliefs wurden von Michael Veit angefertigt und mit dessen freundlicher Genehmigung in diesem Buch abgebildet.

Layout und Satz: Hermann Giesen, Verlag Haus Altenberg, Düsseldorf

Lektorat und Korrektorat: Helga Antkowiak, Langenfeld

Druck: Auer Medienpartner, Donauwörth

Alle Rechte vorbehalten. Dieses Buch oder Teile dieses Buches dürfen nicht ohne die schriftliche Genehmigung des Verlages vervielfältigt, in Datenbanken gespeichert oder in irgendeiner Form, auch nicht elektronisch oder fotomechanisch (fotokopieren, scannen), übertragen werden.

© 2012 Verlag Haus Altenberg D-40477 Düsseldorf

ISBN 978-3-7761-0276-5

Inhaltsverzeichnis

Worte zum Heilsweg	4
1. Anbetung der Weisen aus dem Osten	11
2. Taufe Jesu im Jordan	17
3. Bergpredigt/Brotvermehrung	21
4. Jesus wird zum Tod verurteilt	27
5. Jesus nimmt das Kreuz auf seine Schultern	31
6. Jesus fällt zum ersten Mal unter dem Kreuz	35
7. Jesus begegnet seiner Mutter	37
8. Simon hilft Jesus das Kreuz tragen	41
9. Veronika	45
10. Jesus fällt zum zweiten Mal unter dem Kreuz	51
11. Jesus begegnet den Frauen von Jerusalem	55
12. Jesus fällt zum dritten Mal unter dem Kreuz	59
13. Jesus wird seiner Kleider beraubt	65
14. Jesus wird ans Kreuz genagelt	69
15. Jesus stirbt am Kreuz	73
16. Jesus wird vom Kreuz herab genommen und in den Schoß seiner Mutter gelegt	77
17. Jesus wird ins Grab gelegt	81
18. Auferstehung	85
19. Jesus begegnet Maria von Magdala	89
20. Jesus geht mit den Jüngern von Emmaus	93
21. Heimkehr Jesu zum Vater	97

Worte zum Heilsweg

Im September 1997 wurde ich Pfarrer in der Gemeinde Heilig Geist, Hochzoll. Kurz vor Pfingsten hatte ich mir die Kirche inkognito einmal angeschaut. Es war ein strahlender Sonnentag, alles war von Licht durchflutet, wie es oftmals am späteren Vormittag geschieht. Und ich wusste sofort: Das ist meine.

Kurz nach meiner Einführung als Pfarrer besuchte mich ein Freund und Kollege und stellte fest: Komisch – eine Heilig-Geist-Kirche ohne Darstellung des Heiligen Geistes. Keine Taube. Keine Feuerflamme. Kein Wind, einmal abgesehen von den zugigen Fallwinden, die sich dann ergeben, wenn die Kirchenheizung im Winter in Betrieb ist. Ich antwortete nur: „Kann man den Geist darstellen? Ist Geist, Esprit, Spiritus, Spirit etwas für Holz, Stein oder Bronze?" – Schweigen war die Folge.

Für mich war der Titel der Kirche sehr schön ausgedrückt, unaufdringlich, aber eindrucksvoll. Entdeckt und erschaut, erhorcht und meditiert werden wollte die Botschaft der von Michael Veit, einem Bildhauer aus München, gestalteten Bronze-Tafeln, und natürlich auch das große Relief, das die Ostwand zur großen Verkündigung des Geheimnisses unseres Glaubens macht.

Die große runde Scheibe ist für mich immer mehr zum Symbol unseres Gottes geworden, der uns in der Schöpfung ein großartiges Geschenk gemacht, anvertraut und zum Hüten und Pflegen ans Herz gelegt hat. In allem ist er gegenwärtig. Alle und alles – Frucht seines „Es werde!", Ausdruck seiner Sehnsucht, seiner Liebe zu Welt und Menschen. Diese Liebe – die Bögen deuten es an –, drängt in die Welt, kommt auf uns zu … Welt und Leben sind keine Zufallsprodukte, sondern liebevoll erdacht und gestaltet, nicht planlos, sondern kraftvoller Ausdruck seines Wesens.

Sieben kleine Kugeln, für mich die Gaben des Heiligen Geistes, sind in Gottes Werk hineingelegt, drängen in den Kirchenraum, fallen uns Menschen als Geschenke zu, wollen in und durch uns Frucht bringen, das Leben des Christen und der Gemeinde gestalten helfen.

Mittendrinnen aber ist Gottes schönstes und größtes Geschenk. In seinem Sohn breitet er liebevoll die Arme aus, hält mit wachen Augen Ausschau nach seinen geliebten Menschen, ist er bereit, alle in seine Arme zu schließen, ja den Zielpunkt unseres irdischen Lebens darzustellen.

Ich möchte meinen Glauben so formulieren: Wie Kinder in die Arme ihrer Eltern, so dürfen wir unser Leben lang in seine Arme laufen und einmal endgültig, befreiend und froh erleben: Ich bin am Ziel, geborgen, umfangen, geliebt! Jetzt ist alles gut …

Unterhalb des Gekreuzigten finden wir den Tabernakel, dessen Türen wie ein aufbrechendes Weizenkorn gestaltet sind. Wieder in der Form einer Scheibe, in der Gestalt von Gottes nie endender, immer gültigen Liebe. Im eucharistischen Brot ist ER die Tankstelle, die Kraftquelle. Ganz verborgen, unaufdringlich, aber einladend ist er da. Das kleine Licht erinnert mich daran.

Im Vertrauen auf ihn, im Glauben an seine Frohe Botschaft, im Annehmen seiner Liebe, im Verweilen vor ihm, im Mich-senden-lassen von IHM soll mein Leben „rund" werden. Ich darf Heil spüren und Trost finden. Ich darf trotz aller Brüche, trotz Versagen und Schuld, trotz Scheitern und Zweifel hoffen können.

In Taufe und Firmung ist mir Gottes Geist geschenkt. Da bin ich in diese Bewegung hin zu den Menschen, hinein in die Welt, hineingenommen worden. Und immer dann, wenn ich sie mit Liebe bereichere, mit meinen Talenten beschenke, Nachfolge lebe, von IHM lerne, mich von IHM senden lasse, lebe ich meine Berufung, bin ich jemand, den/die er sendet.

Aus dem stillen Verweilen, aus der Anbetung, aus dem Betrachten, aus der Bitte um seinen stärkenden Geist darf ich heute als glaubender und suchender Mensch leben, meinen Weg gehen und lebendiger Hinweis dafür sein, dass Gottes Geist bis heute in seiner Kirche, in seinen geliebten Menschen am Werk ist …

Mich von IHM senden lassen –
    ein Risiko?
IHN in mir wirken lassen –
    eine Berufung?
Mich IHM zur Verfügung stellen –
    ein Lebensentwurf,
    eine Berufung?
Meine Grenzen –
    für IHN kein Hindernis!
Meine Bedenken –
    halten mich offen,
    fragend, suchend!
Meine Bereitschaft, mein Ja –
    füllt er mit seinem Geist!
Meine Erfahrung –
    seine Kraft ist täglich da!
Sein Angebot –
    ich nehme dich bei der Hand!
Mein Glaube:
    Gott, du bist ein Freund des
    Lebens und ein Liebhaber der
    Menschen.
Meine Erfahrung:
    Er lockt und ruft immer wieder.
Meine Kraft:
    Die Freude an Gott.
Mein Antrieb:
    Neugier, was wird, was er mit
    mir macht, wohin er mich führt,
    wozu er mich braucht …

Gehen wir mit auf seinen Weg, den Weg des Heils, den die Tafeln erzählen, die die Gottesdienstgemeinde Tag für Tag mit ihrer Botschaft ermutigen, hinsichtlich der Konsequenzen nicht im Unklaren lassen und das Ziel ankündigt …

Schriftwort:
Weish 11,21-26

Denn du bist immer imstande, deine große Macht zu entfalten. Wer könnte der Kraft deines Arms widerstehen? Die ganze Welt ist ja vor dir wie ein Stäubchen auf der Waage, wie ein Tautropfen, der am Morgen zur Erde fällt. Du hast mit allen Erbarmen, weil du alles vermagst, und siehst über die Sünden der Menschen hinweg, damit sie sich bekehren. Du liebst alles, was ist, und verabscheust nichts von allem, was du gemacht hast; denn hättest du etwas gehasst, so hättest du es nicht geschaffen. Wie könnte etwas ohne deinen Willen Bestand haben oder wie könnte etwas erhalten bleiben, das nicht von dir ins Dasein gerufen wäre? Du schonst alles, weil es dein Eigentum ist, Herr, du Freund des Lebens.

Gebet

Gott, ich danke dir. Du hast mich gewollt. Du übersiehst mich nicht und verstehst mich. Auch in mir, in meinem Tun, selbst in meinen Grenzen,

Ecken und Kanten steckt deine Liebe. Du gehst mit mir – als Wegbegleiter und Freund. Ich kann über dich nur staunen, denn selbstverständlich ist das nicht – und verdient habe ich es auch nicht. Aber du schaust mich an mit den Augen deiner Liebe. Und: Du kennst mein Herz.
Lass mich deinen Blick lernen für meinen Umgang mit den Menschen …

1. Anbetung der Weisen aus dem Osten

Da sind einige ihrer Sehnsucht gefolgt. Sie waren unruhig geworden. Sie haben über den Tellerrand des Alltags, von Beruf und Familie, von Forschung und Politik hinausgeschaut. Sie haben Vertrautes, Bergendes zurückgelassen. Vielleicht war man das von den Dreien gewohnt, dass sie öfters zu Expeditionen starten, vielleicht haben sie mit ihrem Schritt ihre Umgebung überrascht. Wahrscheinlich hat man sie für verrückt erklärt. Von einem Stern lässt man sich doch nicht so beunruhigen, dass man das Kamel, das Pferd, den Esel sattelt, Schätze zusammenpackt, aufbricht und alle Arbeit liegen, vertraute, vielleicht liebe Menschen auf unbestimmte Zeit sitzen lässt.

Reisen war damals bei weitem nicht so bequem, so schnell, so gefahrlos wie heute. Karten, Routenplaner gab es zwar, aber da war nirgends eingetragen, was der Stern bedeutet, wo er zu finden ist, worauf er hinweist. Also durchfragen, Um- und Irrwege einplanen. Immer wieder nachts Ausschau halten,

ob er noch da ist, und überlegen, wohin am Morgen die Schritte führen müssen …

Aber sie haben nicht aufgegeben. Sie haben sich nicht entmutigen lassen. Sie haben sich durchgefragt, haben manches Kopfschütteln über soviel Naivität und Spontaneität wahrgenommen, fühlten sich dem Vorwurf ausgesetzt: „Ihr müsst ja Zeit und Geld haben, wenn ihr Sternen nachlaufen könnt." Aber sie müssen es einfach, sonst finden sie keine Ruhe. Und sie kommen an. Irgendwie spüren sie, dass sie bei dieser jungen Familie mit dem neugeborenen Kind richtig sind. Fraglos lässt sie der Autor des Matthäusevangeliums niederfallen, anbeten und die Schätze auspacken …

Wo muss ich unbedingt hin? Was macht mich schon lange unruhig? Wovor bin ich immer noch zurückgescheut? Sind meine Ausreden immer noch so stark? – Gottes Geist will uns in Bewegung bringen.

Aufbrechen, jeden Morgen neu … Dem Ruf folgen, der sich immer wieder in mir meldet … Meinen

Weg suchen, auch wenn er unkonventionell ist … Mich nicht abhalten lassen, nicht einmal durch die Gründe, die gar so vernünftig scheinen … Mich einüben in den letzten Aufbruch, die große Begegnung mit IHM, in die Vollendung meines Lebens, ins Ankommen am Ziel meines Lebens … Ob ich es wage, mein Leben so zu verstehen?

Glücklich werde ich, wenn ich mein Leben wage, in der Hingabe, im Lieben, im Helfen, im Suchen … Oh, ihr drei, steht mir betend bei!

Schriftwort:
Apg 8,26-40

Ein Engel des Herrn sagte zu Philippus: Steh auf und zieh nach Süden auf der Straße, die von Jerusalem nach Gaza hinabführt. Sie führt durch eine einsame Gegend. Und er brach auf. Nun war da ein Äthiopier, ein Kämmerer, Hofbeamter der Kandake, der Königin der Äthiopier, der ihren ganzen Schatz verwaltete. Dieser war nach Jerusalem gekommen, um Gott anzubeten, und fuhr jetzt heimwärts. Er saß auf seinem Wagen und las den Propheten Jesaja. Und der Geist sagte zu Philippus: Geh und folge diesem Wagen.

Philippus lief hin und hörte ihn den Propheten Jesaja lesen. Da sagte er: Verstehst du auch, was du liest? Jener antwortete: Wie könnte ich es, wenn mich niemand anleitet? Und er bat den Philippus, einzusteigen und neben ihm Platz zu nehmen. Der Abschnitt der Schrift, den er las, lautete: Wie ein Schaf wurde er zum Schlachten geführt; und wie ein Lamm, das verstummt, wenn man es schert, so tat er seinen Mund nicht auf. In der Erniedrigung wurde seine Verurteilung aufgehoben. Seine Nachkommen, wer kann sie zählen? Denn sein Leben wurde von der Erde fortgenommen.

Der Kämmerer wandte sich an Philippus und sagte:
Ich bitte dich, von wem sagt der Prophet das? Von
sich selbst oder von einem anderen? Da begann
Philippus zu reden und ausgehend von diesem
Schriftwort verkündete er ihm das Evangelium von
Jesus.
Als sie nun weiterzogen, kamen sie zu einer Wasserstelle. Da sagte der Kämmerer: Hier ist Wasser.
Was steht meiner Taufe noch im Weg? Er ließ den
Wagen halten und beide, Philippus und der Kämmerer, stiegen in das Wasser hinab, und er taufte
ihn. Als sie aber aus dem Wasser stiegen, entführte
der Geist des Herrn den Philippus. Der Kämmerer
sah ihn nicht mehr und er zog voll Freude weiter.
Den Philippus aber sah man in Aschdod wieder.
Und er wanderte durch alle Städte und verkündete
das Evangelium, bis er nach Cäsarea kam.

Gebet

Gott, es sind so viele Menschen auf der Suche.
Auch bei mir landet manche Andeutung, die eine
oder andere Frage, ein scheuer Blick, eine stille
Aufforderung. Meine Sprachlosigkeit im Glauben

müsste ich öfter überwinden, und den Mut aufbringen von meiner Beziehung mit dir, von deinen Spuren in meinem Leben zu erzählen.
Und: Lass mich auch selber auf der Suche bleiben und den Mut haben, Fragen zu stellen, zuzuhören und Konsequenzen zu ziehen.

2. Taufe Jesu im Jordan

Jesus ist aufgebrochen, weg von Nazareth, weg von seiner Familie, weg aus dem Alltag des kleinen Handwerksbetriebs seines Vaters. Einen klaren Kopf will er bekommen. Eine Wüstenzeit nimmt er sich. Da sitzt und schweigt und brütet er. Da erlebt er sich zurückgeworfen auf sich, auf sein Innerstes. Da ist nichts, was ablenkt, nichts, was ihm seinen Weg ausredet, nichts, was die Stimme in ihm übertönt. Als er sich klar ist, lässt er die Wüste zurück. Aber wie bringe ich das jetzt den Meinen bei? Wie sage ich es? Was tue ich am geschicktesten? Ist das überhaupt das Richtige? Kann ich dazu stehen? Werden sie mich und meine Entscheidung akzeptieren? – Fragen, die wir alle kennen, Bedenken, die uns oft zur Rücknahme von Entscheidungen und Plänen führen. „Das kannst du mir/uns doch nicht antun!" Wer hat das noch nicht gehört?

Jesus hat Glück. Er stößt auf viele andere, in denen es auch rumort, die auch mehr und anderes wollen, die spüren: Da ruft und lebt etwas/jemand in mir.

Ich muss meinen Trott verlassen. Ich muss mich, mein Leben ändern. Ich brauche ein Mehr an Sinn, an Hoffnung, an Inhalt und Liebe. Er stellt sich bei ihnen an. Er reiht sich ein.

Und dann überwältigend, faszinierend, erschütternd und beglückend zugleich – der offene Himmel, die Stimme, die sagt: Du gefällst mir! So gefällst du mir! Du bist auf dem richtigen Weg! Du bist mein geliebter Sohn!

Wie gut tun auch uns solche Worte? Wie viel Angst haben sie aufgefangen, wie viele Bedenken überflüssig gemacht, wie viel Panik vor dem Kommenden beseitigt, mich gestärkt und ermutigt, mir geholfen Schwierigkeiten durchzustehen und Entscheidungen in die Tat umzusetzen?

Gottes Geist treibt auch mich um. Vielleicht erlebe ich: Ja, ich bin am richtigen Ort. Meine Ehe, meine Familie, mein Beruf, meine Partnerschaft, mein Umfeld, meine Lebensgestaltung, mein Alltag und mein Sonntag passen. Ich bin glücklich und zufrieden.

Vielleicht fühle ich mich aber auch gerufen: Ich muss mich, ich muss etwas ändern, mehr investieren, einen neuen Weg suchen, mehr auf mich und die Menschen, auf Gottes Wort hören. Ich muss zu mir selber vordringen und endlich zu mir stehen … Ich kann Entscheidungen nicht länger verschieben. Ich muss mich outen, zugeben, wie ich ticke, endlich Worten und Gedanken, Überlegungen und Träumen Taten folgen lassen.

Es ist nicht einfach, zu Veränderungen zu stehen, darauf zu reagieren. Und es ist auch nicht einfach, Menschen dafür loszulassen und dabei zu begleiten.

Schriftwort:
Lk 1,39–45

Nach einigen Tagen machte sich Maria auf den Weg und eilte in eine Stadt im

Bergland von Judäa. Sie ging in das Haus des Zacharias und begrüßte Elisabeth. Als Elisabeth den Gruß Marias hörte, hüpfte das Kind in ihrem Leib. Da wurde Elisabeth vom Heiligen Geist erfüllt und rief mit lauter Stimme: Gesegnet bist du mehr als alle anderen Frauen und gesegnet ist die Frucht deines Leibes. Wer bin ich, dass die Mutter meines Herrn zu mir kommt? In dem Augenblick, als ich deinen Gruß hörte, hüpfte das Kind vor Freude in meinem Leib.
Selig ist die, die geglaubt hat, dass sich erfüllt, was der Herr ihr sagen ließ.

Gebet

Gott, auch mir raucht oft der Kopf. Was, wohin, warum? Ich brauche Klarheit – und immer wieder Bejahung. Da tut es gut, dass ich weiß, dass sich in meiner Taufe auch über mir der Himmel geöffnet hat und du mich wissen lässt: Du gefällst mir! Du bist mein geliebtes Kind. Herr, schenke mir Abstand und gute Begegnungen, die mir helfen, deinen Weg mit mir zu verstehen und zu bejahen.

3. Bergpredigt/Brotvermehrung

Jesus hat richtig entschieden. Nicht Nazareth, nicht die Zimmerei sind seine Zukunft, sondern seine Sendung, die er von Gott, seinem Vater her hat, die geistvoll und geistreich in ihm lebt. Menschen laufen ihm nach. Sie suchen ihn. Es ist, als hätten sie schon lange auf ihn gewartet.

Er ist so wohltuend anders. Er findet die richtigen Worte. Er redet ihnen nicht nach dem Mund, ist ihnen ganz nahe, versteht sie. Was er sagt, da fühlen sie sich angenommen. Er rührt sie im Herzen an. Er signalisiert: Gott liebt euch! Es gibt Hoffnung. Euer Leben ist nicht nur Arbeit, Tradition, Geldverdienen, Konventionen einhalten, Gehorchen und Funktionieren. Bei Gott seid ihr keine Nummern, sondern geliebte Söhne und Töchter! Er hält zu euch! Ihr seid ihm nicht egal, obwohl ihr euch klein und unwichtig, unbeachtet und übersehen vorkommt, obwohl ihr fernab jeder einflussreichen Position seid und irgendwo im Hinterzimmer der Welt lebt.

In der Bergpredigt stellt er das Denken und Handeln, das Empfinden und Erleiden vieler Menschen auf den Kopf. Ja, so müsste es sein! Ja, wenn der etwas zu sagen hätte! Ja, dann wäre vieles anders. Auf unserem Bild sitzt Jesus wie auf einem Felsenthron. Er ist der neue Mose, der die neue Magna Charta verkündet: Selig …, selig …, selig!
Mose hat als Gottesnamen seinem Volk die Zusage Gottes geschenkt: ICH BIN DER ICH BIN DA FÜR EUCH! Jesus lebt diesen Gottesnamen, erfahrbar, überzeugend. Der kleine Junge auf dem Bild erinnert mich auch an die Brotvermehrung. Er steht für uns alle. Was haben wir zu geben, zu bringen, damit Menschen erleben: Ich bin nicht allein. Ich bin geliebt. Was ist unser Beitrag dafür, dass die Armen, Ausgebeuteten, Notleidenden, Unterdrückten dies nicht für alle Zeiten bleiben müssen? Wo ist der Ansatzpunkt der Botschaft Jesu für unser Leben, auch wenn ich eigentlich weiß: Wer sich auf diese Botschaft einlässt, wer sie in die Tat umsetzt, muss verrückt sein. Ja, dann wäre in unserem Leben manches verrückt: Die Liebe würde regieren und nicht Macht, Geld und Intrigen. Hoffnung hätte

das Sagen, und nicht die Resignation. Der Glaube würde Frucht bringen, attraktiv sein, Kirche glaubwürdig sein lassen und eine Alternative zu Konsum- und Spaßgesellschaft darstellen …

Kinder sind schnell zu begeistern. Vielleicht sollen wir deshalb als Kinder Gottes leben, begeistert von Jesu Wort, von der Liebe dessen, den er als seinen Vater und Vater aller Menschen verkündet.

Aber unser Bildweg macht deutlich: Solches Leben, solches Handeln führt zum Kreuzweg, bleibt nicht unwidersprochen, hat mit Konsequenzen zu rechnen. Glauben ist nicht harmlos. Nach Gottes Art zu leben, das zieht Konsequenzen nach sich.

Schriftwort:
Lk 1,46-55

Da sagte Maria: Meine Seele preist voll Freude den Herrn, mein Geist ist voll Jubel über Gott, meinen Retter. Denn er hat gnädig auf seine arme Magd geschaut. Von nun an preisen alle Geschlechter mich glücklich. Denn der Mächtige hat an mir Großes getan; sein Name ist heilig. Er schenkt sein Erbarmen von Geschlecht zu Geschlecht allen, die ihn fürchten und ehren. Sein starker Arm vollbringt gewaltige Taten: Er macht die Pläne der Stolzen zunichte; er stürzt die Mächtigen vom Thron und bringt die Armen zu Ehren; er beschenkt mit seinen Gaben die Hungrigen, die Reichen aber schickt er mit leeren Händen fort. Er nimmt sich gnädig seines Knechtes Israel an, denn er denkt an das Erbarmen, das er unseren Vätern verheißen hat, Abraham und seinen Nachkommen, für ewige Zeiten. *(ökumenische Version)*

Gebet

Gott, lass mich nicht immer gleich sagen: Das geht nicht! Das schaffe ich nicht! Das kann nicht sein! Bewahre mich davor, mich mit vielen Dingen, die ich als mangelnde Chancengleichheit, als Ungerechtigkeit, als Unfreiheit und Unrecht empfinde, abzufinden. Nimm mich an der Hand und lass mich dein Handeln bewundern und mit dir nach deinen Vorstellungen von Leben in unserer Welt nach Kräften handeln.

4. Jesus wird zum Tod verurteilt

Pilatus sitzt auf dem Thron. Gaffer hängen in den „Fenstern". Näher trauen sie sich nicht heran. Vielleicht würde Jesus sie als solche erkennen, die noch vor wenigen Tagen Beifall gezollt und ihn als König ausgerufen haben, weil sie bei der Brotvermehrung kräftig zugelangt und sich ein sorgenfreies Leben erträumt haben.

Jesus wird verurteilt. Wer so konsequent lebt, der erntet manches „Selber schuld!" Wer so auffällig anders ist, anders redet, aus seiner innigen Gottesbeziehung heraus sich gegen Gewohnheiten stellt, mit anderen Worten verkündigt, Menschen auffordert, sich erst einmal mit dem Brett vor dem eigenen Kopf zu befassen, bevor sie sich den Splittern ihrer Mitmenschen zuneigen, muss mit entsprechenden Folgen leben. Wer so frei ist, dass er zuerst den Menschen und dann die Gesetze sieht, wer den „Einzelfall" im Blick hat und niemanden einfach über die Klinge springen lässt, als Sünder abtut oder als Schuldigen verurteilt, ohne ihm/ihr

eine Chance zu geben, der muss damit rechnen, dass das „Hosanna" ins „Weg mit dir!" umschlägt.
Jesus teilt das Schicksal vieler Menschen, die erst hochgejubelt und dann fallen gelassen werden, die zuerst dicke Freunde und dann scharfe Gegnerschaft erfuhren. Die Gründe sind zahlreich. Wut, Enttäuschung, Karrierestreben, Konkurrenz bringen seltsame Früchte.
Verstehen muss man das nicht. Aber viel dagegen unternehmen kann man auch nicht. Vielleicht ist es gut, sich abzufinden und das anzunehmen, was bei Jesus Kreuz heißt, was für uns viele Gesichter hat, was lange Zeit braucht, um es auch nur annähernd zu verarbeiten …
Jesus hat nichts angestellt, was das Urteil rechtfertigen würde. Aber Hass, Neid, Eifersucht, unterstellte Gotteslästerung, abweichendes Denken, anders von Gott reden, nicht einfach übernehmen, was immer schon galt, Fragen stellen und Reibefläche bieten, Umdenken verlangen, scheinbar unumstößliche Sicherheiten hinterfragen, Selbstgerechtigkeit aufgeben und die Liebe zum Maß aller Dinge machen, das bringt ihn auf diesen Weg …

Schriftwort:
Joh 9,1-5

Unterwegs sah Jesus einen Mann, der seit seiner Geburt blind war. Da fragten ihn seine Jünger: Rabbi, wer hat gesündigt? Er selbst? Ober haben seine Eltern gesündigt, sodass er blind geboren wurde? Jesus antwortete: Weder er noch seine Eltern haben gesündigt, sondern das Wirken Gottes soll an ihm offenbar werden. Wir müssen, solange es Tag ist, die Werke dessen vollbringen, der mich gesandt hat; es kommt die Nacht, in der niemand mehr etwas tun kann. Solange ich in der Welt bin, bin ich das Licht der Welt.

Gebet

Gott, so einfach ist in den Augen vieler Menschen die Welt. So lieblos werden Krankheit und Leid erklärt. Und wenn Menschen gar nicht mehr weiter wissen, dann heißt es, es sei eine Strafe von dir. Herr, oft bedrängt mich die Frage nach dem Warum. Meistens weiß ich keine Antwort. Aber sicher sein darf ich, mit Jesus, der zu seinem Kreuzweg aufbricht, dass durch all das, was geschieht, und wenn es uns noch so sehr als grenzenlose und unverständliche Zumutung vorkommt, dein Heil sichtbar werden soll. Irgendwann, meist erst im Rückblick und nach langer Zeit verstehbar werdend, einen Sinn ahnen lassend. Stärke mein Vertrauen in dich.

5. Jesus nimmt das Kreuz auf seine Schultern

Mit den Fingern zeigen sie auf ihn, als er den Kreuzbalken in die Hand nimmt ... Alle wissen warum ... Sie stehen als Gruppe eng zusammen – keine(r) tritt vor, stellt sich, schaut ihm in die Augen. Gemeinsam tuscheln sie, da sind sie stark. Jesus nimmt das Kreuz an. Er weiß auch, warum er diesen Weg geht: Aus Liebe zu den Menschen. Er sucht niemanden, den er an seiner Stelle schicken könnte, er rechtfertigt sich nicht, nimmt keinen Anwalt ...

Er muss sich nicht verteidigen. Er erkennt: Das musste so kommen. Jetzt ist eingetreten, womit er schon länger rechnen musste. Sein Leben war provokativ. Dass sie irgendwann beschließen würden, ihn zu beseitigen, das war nicht nur ihm klar. Das haben die Spatzen schon von den Dächern gepfiffen. Zu offenkundig haben sie ihm Fallen gestellt. Zu oft wollten sie ihn mit einer Frage hereinlegen. Immer wieder hat er sie und ihre Hintergedanken vorgeführt, ihre Absicht offengelegt, sie durchschaut. Das hat gereizt. Das hat die Wut nur noch gesteigert. Jemandem nichts anhaben, nichts nachweisen können, im Gegenteil, beim geringsten Versuch eine Schuld erweisen zu wollen, als Blamierte dastehen, das bleibt nicht folgenlos.

Das erleben wir auch: Wie oft spüre ich die Hintergedanken meines Gesprächspartners? Wie oft merke ich, dass man mich aufs Glatteis führen will? Wie häufig ist Neid ganz einfach zu durchschauen? Wie wenig ehrlich ist mancher Glückwunsch zu einem Erfolg? Wie oft würde mich mein Gegenüber lieber abwatschen als sich mit mir zu freuen. Ob nicht auch ich manchmal Menschen in Schubladen stecke, mit Vorurteilen überziehe, ihnen Dinge nachsage, sie mit Vermutungen belaste und Misstrauen schüre?

Ich bin mir sicher: Kreuztragen wird nicht selten verlangt. Oft werden mir Menschen zum Kreuz, zur Last. Manchmal können sie nicht einmal etwas dafür, wenn sie mich, meine Hilfe einfach brauchen, weil Krankheit und Alter, Pflegebedürftigkeit und Demenz, Behinderung oder Schwäche nach ihnen greift. – „Das wirst du dir doch nicht antun!", heißt es dann oft in meiner Umgebung. „Das kann niemand von dir verlangen!" Ob ich es nicht auch einfach aus Liebe wenigstens versuche, ihnen zu helfen? Dass sich in manchen, die sich anders entschieden haben, dann das Gewissen, die Fragen regen, dafür kann ich nichts.

Schriftwort:
Mt 1,18–22

Mit der Geburt Jesu Christi war es so: Maria, seine Mutter, war mit Josef verlobt; noch bevor sie zusammengekommen waren, zeigte sich, dass sie ein Kind erwartete – durch das Wirken des Heiligen Geistes. Josef, ihr Mann, der gerecht war und sie nicht bloßstellen wollte, beschloss, sich in aller Stille von ihr zu trennen. Während er noch darüber nachdachte, erschien ihm ein Engel des Herrn im Traum und sagte: Josef, Sohn Davids, fürchte dich nicht, Maria als deine Frau zu dir zu nehmen; denn das Kind, das sie erwartet, ist vom Heiligen Geist. Sie wird einen Sohn gebären; ihm sollst du den Namen Jesus geben; denn er wird sein Volk von seinen Sünden erlösen. Dies alles ist geschehen, damit sich erfüllte, was der Herr durch den Propheten gesagt hat.

Gebet
Gott, ich brauche Mut immer wieder neu JA zu sagen. Zu vieles durchkreuzt mein Leben, meine Pläne. Zu oft komme ich mir ausgenützt und über den Tisch gezogen vor. Meine erste Reaktion ist nicht immer die, die den Situationen meines Lebens gerecht wird. Mich davonmachen wäre oft einfacher. Aber mich zu stellen, und im konkreten Leben deinen Plan mit mir zu erkennen, zu erspüren, dass du an mich glaubst und mich brauchst, das ist oft so furchtbar schwer. Gib mir bitte deine Kraft!

6. Jesus fällt zum ersten Mal unter dem Kreuz

Jesus hat das Kreuz ganz bewusst in Empfang genommen. Er weiß im Kopf und im Herzen, für wen er es trägt, warum er es nicht einfach hinwirft und ruft: Ohne mich! Er geht diesen Weg. Diese Last, das ist die Konsequenz seiner Art zu leben, von Gott zu reden, mit Menschen umzugehen.
Er fällt. Er kann nicht mehr.
Es war einfach zuviel, was diese Nacht sowie die Ahnungen und Bedenken vorher mit ihm angestellt haben. Die Enttäuschung über seine Jünger, die stundenlangen Verhöre, das Hin und Her zwischen Pilatus und Herodes, der inszenierte Hass, die Vorwürfe, die Schläge an der Geißelsäule, der Spott der Soldaten … All das nimmt ihm die Kraft.

Auf unserem Bild kniet er, hält sich am Kreuz fest. Ob das eine Einladung an uns ist, im Gebet Kraft zu suchen? Vielleicht will Jesus uns zeigen: Es sind die unmöglichsten Dinge, an denen du dich festhalten kannst. Oft gibt dir sogar das Halt und Kraft, was du dir wirklich nicht ausgesucht hast, was dir zugemutet und aufgelegt ist, was eigentlich lästig ist.

Vielleicht kannst du gerade dann beten, wenn dir alles über den Kopf wächst, wenn deine Kraft schwindet, vorausgesetzt dein Gottvertrauen existiert noch, trotz allem …

Schriftwort:
Joh 2,1-3

Am dritten Tag fand in Kana in Galiläa eine Hochzeit statt und die Mutter Jesu war dabei. Auch Jesus und seine Jünger waren zur Hochzeit eingeladen. Als der Wein ausging, sagte die Mutter Jesu zu ihm: Sie haben keinen Wein mehr.

Gebet
Gott, ich kenne diese Augenblicke, in denen alles einfach umschlägt, wo beste Vorbereitungen kein Ergebnis bringen, wo alles anders kommt, als ich es mir gewünscht und ausgedacht habe. Klar, Herr, vergesse ich auch manches, berechne ich das eine oder andere falsch, aber dass es dann manchmal so aus dem Ruder läuft und peinlich wird … Gott, lass mich mir und anderen eingestehen, wenn alles zu viel wird, ich nicht mehr kann. Höre mein Beten und lass es wenigstens einen Menschen merken, dass ich seine Hilfe brauche um wieder aufzustehen und neu anzufangen.

7. Jesus begegnet seiner Mutter

Das Kreuz steht zwischen ihnen, zwischen Mutter und Sohn. Aber ihre Augen sind aufeinander gerichtet. Maria hat ihre Hände vergraben. Vielleicht sollten wir hineinhören in das Gespräch, das sie miteinander führen. Vielleicht sagt sie vorwurfsvoll: Kind, Sohn, Jesus, musst du mir das antun? Weißt du nicht, wie weh das tut? Hättest du mir diesen Weg, die Begegnung nicht ersparen können? Weißt du, was das für mich, für unsere Familie bedeutet, wie ich dastehe vor all denen, die dich schon lange für verrückt erklärt haben?

Jesus dagegen scheint Maria um das Kreuz herum umarmen zu wollen: Du weißt doch, der Wille des Vaters, die Liebe zu den Menschen … Ich muss diesen Weg gehen!

Vielleicht schaut Maria an dieser Station auch uns an: Geht zu ihm mit all euren Sorgen, Nöten, euren familiären Auseinandersetzungen, mit allen Enttäuschungen und allem Frust. Vielleicht lädt

Jesus uns ein: Kommt doch zu mir, die ihr euch plagt, unter Lasten stöhnt, vieles mit euch herumschleppt. Ich will euch aufatmen und wieder zur Ruhe kommen lassen!

Vielleicht ist das die Station, wo Eltern, Großeltern, Freunde und Paten ohnmächtig am Weg, vor Entscheidungen derer stehen, die sie lieben, und zusehen und erfahren, dass sie die Katastrophe nicht aufhalten können. Handlungsunfähig, aber liebevoll begleitend …

Vielleicht ist es die Station, an der Kinder spüren: Ich bin noch nie in die Freiheit meines eigenen Lebensweges entlassen worden. Ich habe mich noch nie abgenabelt, noch nie für mich selbst entschieden.

Vielleicht ist das die Station all der Eltern, die Kinder verloren haben, sei es durch den Tod, durch einen unsinnigen Streit, durch Klammern und Festhalten. Vielleicht ist es die Station aller, die schwerfallende Begegnungen bis jetzt gescheut haben, Mut dazu finden sollen und lernen: Ich kann dem nicht aus dem Weg gehen und ich darf es auch nicht …

Schriftwort:
Mk 3,20-21

Jesus ging in ein Haus und wieder kamen so viele Menschen zusammen, dass er und die Jünger nicht einmal mehr essen konnten. Als seine Angehörigen davon hörten, machten sie sich auf den Weg, um ihn mit Gewalt zurückzuholen; denn sie sagten: Er ist von Sinnen.

Gebet

Gott, du weißt, wie viele Väter und Mütter, Freunde und Partner ihre Lieben herausholen möchten aus Drogenkonsum und Alkohol, wegholen möchten vom PC und aus der virtuellen Welt, in die sie sich verrannt haben. Du kennst die verzweifelten Gebete um Hilfe und Notbremse. Du übersiehst nicht die Tränen der Verzweifelten am Krankenbett und überhörst nicht den Notschrei: Das darf nicht geschehen. Herr, wahnsinnig könnten wir manchmal werden. Es tut gut, zu wissen, dass du auch in solchen Situationen da bist, auch wenn wir es dann ganz sicher kaum glauben können. Herr, verlass keinen Menschen und steh uns in den schwierigsten Begegnungen kraftvoll bei.

8. Simon hilft Jesus das Kreuz tragen

Simon ist ein Bauer, der vom Feld kommt. In der Morgenfrühe ist er aufgebrochen und jetzt will er eigentlich nur noch eines: Vor der großen Mittagshitze nach Hause, eine Kleinigkeit essen, dann Siesta halten, ehe er am Abend wieder hinausgeht und sein Tagwerk vollendet.
Ausgerechnet ihn zwingen die Soldaten diesem Verurteilten das Kreuz tragen zu helfen.
Er wird gedacht haben, was wir wohl alle denken würden: Immer ich! Schon wieder trifft es mich! Andere hätten mehr Zeit, könnten das besser, aber irgendwie bin immer ich dran!

Wir kennen das aus unserem Alltag. Wenn Arbeiten zu erledigen sind, Verantwortung zu übernehmen ist, jemand Hilfe braucht, im Verein, in der Gemeinde etwas ansteht, in der Firma Überstunden angesagt sind, meist sind wir dann dran, obwohl es ganz viele andere auch gäbe.
Simon beugt sich unter das Kreuz. Er geht den Weg mit Jesus. Er erlebt ihn aus nächster Nähe …

Da muss irgendwann irgendetwas passiert sein, was ihn das Kreuz wie eine Brücke, wie eine Klammer erleben lässt, die ihn mit Jesus zusammenschweißt. Jedenfalls heißt es später in der Apostelgeschichte, dass Alexander und Rufus, seine Söhne, in der jungen Christengemeinde mit dabei sind. Es muss zwischen ihm und Jesus gefunkt haben. Irgendetwas hat ihn so begeistert, dass er mit den Seinen in seine Nachfolge gefunden hat, ausgerechnet er, der zunächst vielleicht auch gedacht hat: Hoffentlich sieht mich keiner! Das ist mir jetzt aber peinlich, dass sie mich bei diesem Hinrichtungszug sehen!
Unser Bild zeigt es: Jesus lässt den Kopf hängen. Simon schaut unsicher um sich. Vielleicht halten aber auch nur beide nach uns Ausschau, denn Situationen, wo wir zupacken könnten und müssten, gibt es mehr als genug.

Schriftwort:
Mt 4,18-22

Als Jesus am See von Galiläa entlangging, sah er zwei Brüder, Simon, genannt Petrus, und seinen

Bruder Andreas; sie warfen gerade ihr Netz in den See, denn sie waren Fischer. Da sagte er zu ihnen: Kommt her, folgt mir nach! Ich werde euch zu Menschenfischern machen. Sofort ließen sie ihre Netze liegen und folgten ihm. Als er weiterging, sah er zwei andere Brüder, Jakobus, den Sohn des Zebedäus, und seinen Bruder Johannes; sie waren mit ihrem Vater Zebedäus im Boot und richteten ihre Netze her. Er rief sie, und sogleich verließen sie das Boot und ihren Vater und folgten Jesus.

Gebet

Gott, du weißt, dass da oft zwei Seelen in meiner Brust schlagen. Die eine fühlt sich geehrt und freut sich, wenn sie spürt, ich bin gebraucht, Menschen trauen mir etwas zu. Die andere hat Bedenken, plädiert für Sicherheit und Gewohntes, mahnt vor Euphorie und rosaroter Brille im Blick auf den rosarot geschilderten Neubeginn, die versprochene andere Welt und die verheißenen Möglichkeiten. Herr, lass mich im rechten Augenblick das Richtige tun und hilf mir, auch in der Begeisterung einen klaren Kopf und ein offenes Ohr für deinen Ruf zu bewahren.

9. Veronika

Wer schon einmal die Via Dolorosa gegangen ist, hat eine Vorstellung von den engen Altstadtstraßen in Jerusalem, der kann sich auch gut vorstellen, wie die Neugierigen hinter angelehnten Türen, halb zurückgezogenen Vorhängen alles verfolgt haben, was da abgeht. Sehen wollen, aber nicht gesehen werden, das ist die Devise. Denn vielleicht waren sie ja noch vor ein paar Tagen ganz anderer Meinung und schämen sich jetzt, dass sie sich so haben manipulieren lassen.

Nach so viel Hass, nach so viel Aggression, nach so viel verurteilendem Geschrei, nach so viel Verarschung und Veräppelung kann ich mir lebhaft vorstellen, wie gut es Jesus getan hat, dass da eine Frau mit einer zärtlichen Geste auf ihn zukommt. Vielleicht ist er zuerst erschrocken, hat er sich gedacht: O Gott, schon wieder jemand, der sich mir in den Weg stellt.

Aber sie zeigt ihm ihre Zuneigung, ihre Liebe in aller Öffentlichkeit. Sie scheut sich nicht, die Soldaten aufzuhalten und aller Welt zu bekennen: Ich

kenne ihn! Und: Ich liebe ihn! Ich stehe zu ihm!
Die Tradition nennt sie später Veronika. Ihr Name findet sich in der Bibel nicht. Aber dieser Name interpretiert, was sie tut. Sie ist eine „Vera Icona", ein wahres Abbild Jesu, dessen, wie er mit den Menschen, mit den Ausgestoßenen und Sündern, den Zöllnern und Dirnen, den Verachteten und Verurteilten, den Aussätzigen und Fremden umgegangen ist.
Längst vorher hat sie ihm ihr Herz hingehalten, damit er sich und seine Liebe in sie einprägen konnte. Ihr ist es egal, was die Umgebung denkt. Sie hat Mut und zeigt ihre Gefühle. Jesu Antlitz findet sie nicht nur auf ihrem Tuch, sondern noch viel intensiver in ihrem Herzen wieder.

Für mich ist dieses Bild die Frage: Wie stehen wir zu Menschen, Angehörigen, Freunden, Partnern, auf die andere mit dem Finger zeigen ...? Zu denen, die nicht ins Schema, nicht in Konventionen passen? Zu denen, die anders sind, anders leben, anders fühlen, denken und handeln? Homosexuelle, Gescheiterte, Ausländer, Asylanten, Behinderte,

Arbeitslose oder Beschuldigte? Mit wem lasse ich mich sehen? Und mit wem möchte ich auf keinen Fall gesehen werden?

Traue ich mich zu meinem der Haft entlassenen Angehörigen zu stehen? Findet er einen Platz der Resozialisierung in meiner Umgebung?

Kann ich mit meiner pflegebedürftigen, zitternden, verwirrten Oma auf die Straße, mit meinem behinderten Cousin … mit dem, den sie alle auslachen, weil er zu dick, zu uncool, zu fromm oder politisch zu engagiert ist? Ich – gegen die Mehrheit. Ich – gegen das Feeling. Ich – gegen den Trend. Ich – an der Seite derer, über die sich andere das Maul zerreißen! – Fliege ich da nicht mit raus? Bin ich das nächste Opfer?

Schriftwort:
Mk 1,40–45

Ein Aussätziger kam zu Jesus und bat ihn um Hilfe; er fiel vor ihm auf die Knie und sagte: Wenn du willst, kannst du machen, dass ich rein werde. Jesus hatte Mitleid mit ihm; er streckte die Hand aus, berührte ihn und sagte: Ich will es – werde rein! Im gleichen Augenblick verschwand der Aussatz und der Mann war rein. Jesus schickte ihn weg und schärfte ihm ein: Nimm dich in acht! Erzähl niemand etwas davon, sondern geh, zeig dich dem Priester und bring das Reinigungsopfer dar, das Mose angeordnet hat. Das soll für sie ein Beweis (meiner Gesetzestreue) sein.

Der Mann aber ging weg und erzählte bei jeder Gelegenheit, was geschehen war; er verbreitete die ganze Geschichte, sodass sich Jesus in keiner Stadt mehr zeigen konnte; er hielt sich nur noch außerhalb der Städte an einsamen Orten auf. Dennoch kamen die Leute von überall her zu ihm.

Gebet

Gott, diesen Mut erbitte ich von dir: Über den Schatten meiner Bedenken zu springen, zu Menschen zu stehen, die von anderen abgelehnt und fertiggemacht werden, sogar manches Anerzogene und manches Gesetz, manchen Selbstschutz und manche Feigheit zu überwinden. Menschen, die mir sagen: Wenn du willst, kannst du es, gibt es mehr als genug. Viele ihrer Blicke habe ich weniger vergessen als ihre Worte. Herr, ermutige mich und viele andere zu heilenden und Gemeinschaft stiftenden Schritten.

10. Jesus fällt zum zweiten Mal unter dem Kreuz

Jesus geht auf die Knie. Sein Kreuz reicht über das Bild hinaus. Es ist vielfältig in der Welt da. Versunken schaut er es an. Für wen gehe ich diesen Weg? Warum? Jesus geniert sich nicht in aller Öffentlichkeit zu beten, auf den Knien, mit erhobenen Armen. Schreit er nach Gott? Bittet er um Kraft? Dankt er für diesen Simon, diesen Wegbegleiter?
Betet er für alle Menschen, die solche Situationen in und auswendig kennen, oft aber niemanden haben, der sie schützt, entlastet, zum Durchschnaufen verhilft und die Last ein wenig abnimmt?

Das Kreuz, das Simon hält, wirkt, dank seines Einsatzes, wie ein Schutzraum, ein Dachgebälk, ein Zelt … Es erschlägt Jesus nicht. Wer anderen das Kreuz des Lebens, der Krankheit, der Trauer, des Leides tragen hilft, lernt an diesem Bild: Ich tue es nicht umsonst, auch dann nicht, wenn einmal der Dank ausbleibt. Es ist gut, dass ich da bin. Es ermöglicht dem, für den ich da bin, wenigstens einen Augenblick Entlastung, ein Gebet, ein Schweigen,

ein sich Strecken und Entkrampfen …
Mir wird auch immer wichtiger: Wer
glauben kann, weiß um eine Klagemauer.
Ich weiß, wohin mit meinen Gedanken,
meinem Beten, meinen Fragen, meinem Zweifel, meinem Elend. Ich kann
es loslassen auf IHN hin und weiß, er
versteht mich, denn er ist mit all meiner
Not vertraut.

Beten darf ich, gerade in Zeiten, in denen
es mir gut geht, für alle, die das Kreuz
ihres Lebens mürbe macht und zerstört. Und ich bin mir sicher: Es wächst
ihnen einen Kraft zu. Sie spüren: Meine
Lebens- und meine Leidensgeschichte
ist nicht übersehen, sondern wahrgenommen.

Und wenn dann auch noch konkrete
Aktionen der Solidarität, des Einsatzes,
der Hilfe folgen, dann habe ich vom Blick
auf diese Station doppelt gelernt.

Schriftwort:
2 Kor 4,7–11

Diesen Schatz tragen wir in zerbrechlichen Gefäßen; so wird deutlich, dass das
Übermaß der Kraft von Gott und nicht
von uns kommt. Von allen Seiten werden
wir in die Enge getrieben und finden
doch noch Raum. Wir wissen weder aus
noch ein und verzweifeln dennoch nicht;
wir werden gehetzt und sind doch nicht
verlassen; wir werden niedergestreckt und
doch nicht vernichtet. Wohin wir auch
kommen, immer tragen wir das Todesleiden Jesu an unserem Leib, damit auch
das Leben Jesu an unserem Leib sichtbar
wird. Denn immer werden wir, obgleich
wir leben, um Jesu willen dem Tod
ausgeliefert, damit auch das Leben Jesu
an unserem sterblichen Fleisch offenbar
wird. So erweist an uns der Tod, an euch
aber das Leben seine Macht.

Doch haben wir den gleichen Geist des
Glaubens, von dem es in der Schrift

heißt: Ich habe geglaubt, darum habe ich geredet.
Auch wir glauben und darum reden wir. Denn wir
wissen, dass der, welcher Jesus, den Herrn, auferweckt hat, auch uns mit Jesus auferwecken und uns
zusammen mit euch (vor sein Angesicht) stellen
wird. Alles tun wir euretwegen, damit immer mehr
Menschen aufgrund der überreich gewordenen
Gnade den Dank vervielfachen, Gott zur Ehre.
Darum werden wir nicht müde; wenn auch unser
äußerer Mensch aufgerieben wird, der innere wird
Tag für Tag erneuert. Denn die kleine Last unserer
gegenwärtigen Not schafft uns in maßlosem Übermaß ein ewiges Gewicht an Herrlichkeit, uns, die
wir nicht auf das Sichtbare starren, sondern nach
dem Unsichtbaren ausblicken; denn das Sichtbare
ist vergänglich, das Unsichtbare ist ewig.

Gebet

Gott, wenn wieder alles schiefgeht, wenn ich
manchmal vor einem Berg von Sorgen und Problemen stehe, wenn alles umsonst scheint und selbst
guter Wille und beste Absicht nicht fruchten, wenn
es mir an die Substanz geht und ich weder aus

noch ein weiß, dann lass mich spüren, dass du mich trägst. Und wenn ich – blind für dich – wütend um mich schlage, dann beruhige mich und rede mir gut zu, durch wen auch immer …

11. Jesus begegnet den Frauen von Jerusalem

Jesus hätte allen Grund jetzt zu sagen oder zu denken: Lasst mich in Ruhe. Ich bin mit mir selbst beschäftigt. Ich habe jetzt keine Zeit, kein Ohr, keinen Gedanken für euch. Aber er bleibt bis zum letzten Schritt und bis zum letzten Atemzug ganz und gar Zuwendung.

Die Frau, die vor ihm kniet, bildet eine Riesenschale, sie will möglichst viel, alles von ihm mitnehmen. Sie versteht wohl intuitiv: Das ist die letzte Chance ihn zu berühren, ihm zu begegnen, seinen Segen zu erhaschen. Klar, er hätte ausreichend mit sich selbst zu tun, jeder würde verstehen, wenn er jetzt sagt: Lasst mich in Ruhe, ich kann nicht mehr! Ich muss mich auf mich selbst konzentrieren!

Aber nein. Er bleibt stehen, schaut die Frauen an, die als „Klageweiber" zunächst wohl nur ihren Job erledigten, dann aber doch gespürt haben. Heute ist irgendwie alles anders. Der da ist kein „normaler" Verbrecher, kein durchschnittlicher Aufrührer. Den beseitigen sie aus anderen Gründen. In dem klingt etwas auf, was nach Gott klingt, was sie bis ins In-

nerste bewegt. So sind sie ganz Ohr als er ihnen zu Herzen redet. Über sich sollen sie weinen, über die Hartherzigkeit von Menschen, über das Abprallen von Gottes Wort bis heute, über Menschen, denen nichts mehr nahegeht … und vielleicht darüber, dass auch ihr Tun lange nicht von Herzen kam, sondern nach „so-tun als-ob" aussah.
Vielleicht heißt das für mich, für uns: Heute, wenn ihr meine Stimme hört, verhärtet euer Herz nicht! Wagt Herzlichkeit! Wagt Gefühl! Haltet euch nicht zurück, nützt die Chance der Begegnung mit Gott! Greift nach den Heilszeichen, nach der Barmherzigkeit, nach dem, was euer Herz euch rät, auch wenn es eine Kehrtwendung um 180 Grad zum bisherigen Leben sein sollte. Seine Liebe ruft.
Ob ich nicht auch alles in die Waagschale werfen sollte, Hauptsache ich begegne dir?

Schriftwort:
Lk 19,1-10

Dann kam er nach Jericho und ging durch die Stadt. Dort wohnte ein Mann namens Zachäus; er

war der oberste Zollpächter und war sehr reich. Er wollte gern sehen, wer dieser Jesus sei, doch die Menschenmenge versperrte ihm die Sicht; denn er war klein. Darum lief er voraus und stieg auf einen Maulbeerfeigenbaum, um Jesus zu sehen, der dort vorbeikommen musste.
Als Jesus an die Stelle kam, schaute er hinauf und sagte zu ihm: Zachäus, komm schnell herunter! Denn ich muss heute in deinem Haus zu Gast sein. Da stieg er schnell herunter und nahm Jesus freudig bei sich auf. Als die Leute das sahen, empörten sie sich und sagten: Er ist bei einem Sünder eingekehrt. Zachäus aber wandte sich an den Herrn und sagte: Herr, die Hälfte meines Vermögens will ich den Armen geben, und wenn ich von jemand zu viel gefordert habe, gebe ich ihm das Vierfache zurück. Da sagte Jesus zu ihm: Heute ist diesem Haus das Heil geschenkt worden, weil auch dieser Mann ein Sohn Abrahams ist. Denn der Menschensohn ist gekommen, um zu suchen und zu retten, was verloren ist.

Gebet
Gott, bewahre mich davor, dass sich mein Blickfeld auf das Bad in der Menge beschränkt, auf die Jubelnden und Bewunderer, die Lobenden und immer Daseienden. Weite meinen Blick in all die Richtungen, von denen her Menschen nach mir suchen, sich von mir etwas erhoffen, mir einfach begegnen möchten, ohne sich zu trauen mich anzusprechen oder gar bei mir anzuklopfen. Herr, mach mich frech, dass ich mich manchmal einlade und so zeige: Du bist mir wichtig! Ich habe Zeit für dich. Herr, lass es nicht nur beim Vorsatz und beim guten Willen bleiben.

12. Jesus fällt zum dritten Mal unter dem Kreuz

Fast erschlagen liegt Jesus ganz am Boden. Ob er wieder aufkommt? Ob er das schwere Holz hochstemmen kann? Wir wissen, dass er weitergeht, dass er nicht aufgibt. Aber selbstverständlich ist das nicht. Er könnte ja liegen bleiben, sich verweigern, aufgeben …

Für mich ist dies die Station und die Situation ganz vieler Menschen, die in ihrem Leben einfach nicht mehr können. In ihrem Leben ist alles anders gekommen, als sie es für sich erhofft, geplant und gewünscht haben. Viele sind am Ende, können nicht mehr, sind ein mehr oder weniger lebendiges Fragezeichen.

Manche geraten in Gefahr, ihr Leben wegzuwerfen, sind suizidgefährdet, geraten in Abhängigkeit von Alkohol und Drogen, versuchen zu entfliehen. Eingestürzte Lebenshäuser, zerstörte Lebens- und Liebesgeschichten, sei es als Folge fremder Schuld oder eigenen Versagens … Aber das ist dann ohne Bedeutung, spielt keine Rolle mehr …

Signale, dass jemand nicht mehr weiter weiß, sind sehr versteckt. Zu entdecken, wie es vielleicht weitergehen könnte, an Lösungen zu glauben, das ist dann sehr weit weg. Für viele bleibt nur: Alles Hinwerfen und einen Schlussstrich ziehen! Sie können und wollen die Schande nicht mehr ertragen. Sie fürchten sich vor der Reaktion lieber Menschen. Sie wissen um ihr Versagen, haben Angst enttäuscht zu werden und keine Kraft an Hilfsbereitschaft zu glauben.

Alle diese Menschen dürfen an dieser Station, da Jesus ganz am Ende, ganz am Boden ist, wahrnehmen: Er kennt mein Leid. Er ist mir ganz nahe gekommen. Er versteht mich. Er ist Auge in Auge mit uns.

So ist das für mich die Station aller Aids- oder Krebskranken, aller, die vor Schuldenbergen und großem Versagen stehen, aller, die gescheitert sind und eingebrochen, aller, die einfach nicht mehr können.

An sie alle will ich an dieser Station denken. Für sie alle möchte ich beten. Ihnen allen wünschen, dass sie es wagen, Hilfe anzunehmen, eine ausgestreckte Hand, ein mitfühlendes Herz, ein ermutigendes Zeichen zu entdecken und trotz allem dem zu vertrauen, der dem aus selbstverschuldeter Misere heimkehrenden Sohn ein Fest ausrichtet und sich einfach freut, dass er wieder Leben, Lebensmut, Würde gefunden hat, auch wenn sein Umgang mit ihm nicht allen passt.

Schriftwort:
Lk 15,12-20

Weiter sagte Jesus: Ein Mann hatte zwei Söhne. Der jüngere von ihnen sagte zu seinem Vater: Vater, gib mir das Erbteil, das mir zusteht. Da teilte der Vater das Vermögen auf.
Nach wenigen Tagen packte der jüngere Sohn alles zusammen und zog in ein fernes Land. Dort führte er ein zügelloses Leben und verschleuderte sein Vermögen. Als er alles durchgebracht hatte, kam eine große Hungersnot über das Land, und es ging ihm sehr schlecht. Da ging er zu einem Bürger des Landes und drängte sich ihm auf; der schickte ihn aufs Feld zum Schweinehüten. Er hätte gern seinen Hunger mit den Futterschoten gestillt, die die Schweine fraßen; aber niemand gab ihm davon. Da ging er in sich und sagte: Wie viele Tagelöhner meines Vaters haben mehr als genug zu essen und ich komme hier vor Hunger um. Ich will aufbrechen und zu meinem Vater gehen und zu ihm sagen: Vater, ich habe mich gegen den Himmel und gegen dich versündigt. Ich bin nicht mehr wert, dein Sohn zu sein; mach mich zu einem deiner Tagelöhner. Dann brach er auf und ging zu seinem Vater. Der Vater sah ihn schon von weitem kommen und er hatte Mitleid mit ihm. Er lief dem Sohn entgegen, fiel ihm um den Hals und küsste ihn.

Gebet

Gott, so wie diese Mitte des Lukas-Evangeliums, so wünsche ich mir deine Kirche, deine Christen, mich selber: Keinen Menschen abschreiben oder aufgeben. Sehnsüchtig Ausschau halten nach allen, die aus den Miseren oder von den Erfolgsbühnen, aus Höhenflügen oder aus brutalem Scheitern wieder nach dir suchen, sich an Liebe kaum mehr glauben trauen und schon gar nicht an echte Vergebung und herzliche Zuneigung. Herr, wenn ich eine Bruchlandung hingelegt habe, dann lass mich nicht Scherben zählen, sondern erfahren, dass du dich trotz allem über mich freust und mir hilfst, aufzustehen.

13. Jesus wird seiner Kleider beraubt

Deutlicher als unser Künstler kann man es wohl nicht darstellen, wie sie Jesus in ihrer Habgier die Kleider vom Leib reißen. Auswürfeln wollen sie sie, denn sie sind schön, sie können sein Gewand gut gebrauchen, Geld damit machen, und der, dem sie bisher gehörten, der braucht es ja bald nicht mehr. Nackt wird er am Kreuz hängen, ausgezogen, den Blicken der Gaffer ausgesetzt, noch einmal entwürdigt.
Kinder, die sich auf dem Schulhof ärgern wollen, verstehen dieses Bild sofort.

Menschen, denen man alles weggenommen hat, an denen man kein gutes Haar lässt, Vertriebene, Flüchtlinge, sind mehr als zahlreich in unserer Welt. Für mich ist diese Station des Kreuzweges Jesu die Situation all derer, die im Leben sehr viel, vielleicht alles verloren haben. Es ist das Erinnerungsbild an alle die, die man neugierig auszieht, in deren Intimsphäre der Medienrummel und die Neugier vieler massiv eindringen. Es ist das Bild für jene, die sich ausziehen, ihren Leib verkaufen müssen, um ihre Familie zu ernähren, nicht nur in Fernost. Es ist das Bild jener, die in ihrer Habsucht keine Grenzen kennen und jede Chance nützen, sich zu bereichern … Das Geschehen um Jesus ist für mich aber auch eine Anfrage an mich: Was ist mir wichtig? Wofür lebe und arbeite ich? Welchen Stellenwert hat Materielles bei mir? Was muss ich unbedingt haben? – Haben oder Sein?

Jesus fordert uns auf, Schätze zu sammeln, die Rost und Motten nicht zerfressen können. Und ich denke bei jedem Begräbnis daran: Was nimmt er/sie jetzt mit? Ganz sicher die Liebe und alles, was im Leben verschenkt und gegeben worden ist.

Schriftwort:
1 Kor 12,31–13,31

Ich zeige euch jetzt noch einen anderen Weg, einen, der alles übersteigt: Wenn ich in den Sprachen der Menschen und Engel redete, hätte aber die Liebe nicht, wäre ich dröhnendes Erz oder eine lärmende Pauke. Und wenn ich prophetisch reden könnte und alle Geheimnisse wüsste und alle Erkenntnis hätte; wenn ich alle Glaubenskraft besäße und Berge damit versetzen könnte, hätte aber die Liebe nicht, wäre ich nichts. Und wenn ich meine ganze Habe verschenkte und wenn ich meinen Leib dem Feuer übergäbe, hätte aber die Liebe nicht, nützte es mir nichts.

Die Liebe ist langmütig, die Liebe ist gütig. Sie ereifert sich nicht, sie prahlt nicht, sie bläht sich nicht auf. Sie handelt nicht ungehörig, sucht nicht ihren Vorteil, lässt sich nicht zum Zorn reizen, trägt das

Böse nicht nach. Sie freut sich nicht über das Unrecht, sondern freut sich an der Wahrheit. Sie erträgt alles, glaubt alles, hofft alles, hält allem stand. Die Liebe hört niemals auf. Prophetisches Reden hat ein Ende, Zungenrede verstummt, Erkenntnis vergeht. Denn Stückwerk ist unser Erkennen, Stückwerk unser prophetisches Reden; wenn aber das Vollendete kommt, vergeht alles Stückwerk. Als ich ein Kind war, redete ich wie ein Kind, dachte wie ein Kind und urteilte wie ein Kind. Als ich ein Mann wurde, legte ich ab, was Kind an mir war. Jetzt schauen wir in einen Spiegel und sehen nur rätselhafte Umrisse, dann aber schauen wir von Angesicht zu Angesicht. Jetzt erkenne ich unvollkommen, dann aber werde ich durch und durch erkennen, so wie ich auch durch und durch erkannt worden bin. Für jetzt bleiben Glaube, Hoffnung, Liebe, diese drei; doch am größten unter ihnen ist die Liebe.

Gebet

Gott, mir wird Tag für Tag klarer: Das Einzige, was ich nie und nimmer in meinem Leben bereuen werde, sind all die Dinge, wo ich durch und durch ein Liebender war. Liebe ist auch das Einzige, was wächst, wenn wir sie verschenken. Dein Sohn Jesus ist diesen Weg gegangen. Bewahre mich davor, Liebe auf ein romantisches Gefühl, auf Sexualität oder fürsorglich zärtliches Dasein zu beschränken. Hilf mir, keinen Menschen zu überfordern. Denn die Liebe, die sich ganz verschenkt, bist nur du. Aber hilf mir bitte immer mehr in deine Spur.

14. Jesus wird ans Kreuz genagelt

Er holt mächtig aus, unser Soldat – gib´s ihm!
Mach ihn fertig! Hass und Wut sind entbrannt.
Der Soldat will fertig werden. Der Feiertag naht.
Schließlich hat er seinen Job gelernt. Jeder Schlag
sitzt. Ob es weh tut, das kümmert ihn nicht, danach
werden ihn seine Auftraggeber nicht fragen. Darüber befragt ihn seine Lohntüte nicht.
Jesus wird dingfest gemacht. Er wird an einen Ort
zwischen Himmel und Erde gehängt, wo er nicht
mehr stören kann. Seine Hände, die so gerne umarmt, gesegnet, getröstet, geteilt haben, sie können
und dürfen es nicht mehr. Seine Füße, die unterwegs waren zu den Menschen, die die Verlorenen
suchten, werden ans Kreuz geschlagen. Sein Mund,
der Gottes grenzenlose Liebe verkündet hat, wird
zum Schweigen gebracht. Sein Herz, das ganz und
gar für die Menschen schlug, wird zerstört.
Für mich ist dieses Geschehen hier unsere Berufungsgeschichte. Denn jetzt sind wir gefragt und
gefordert, Christi Hände, Füße, Herz und Mund zu
sein, zu lieben, zu suchen, nachzugehen, zu umar-

men, zu stützen, zu ermutigen, zu trösten. Ob sich nicht auch all diejenigen so dingfest gemacht vorkommen, die auf den Intensivstationen unserer Kliniken und in den Pflegeabteilungen unserer Altenheime liegen, nichts mehr tun können, nur noch auf den Tod warten …? Ob sich nicht manche auch festgenagelt auf eine Schuldgeschichte vorkommen, weil ihnen niemand das vergebende Wort schenkt? Ob sich da nicht all die wegen ihres Glaubens und ihrer Gewissensüberzeugung Verfolgten und Gequälten im leidenden Jesus wiedererkennen und auch die Opfer von Fundamentalismus und Hass jeglicher Herkunft?
Wen nagle ich fest auf eine Schuld, ein Versagen?

Schriftwort:
Lk 15,25
Sein älterer Sohn war unterdessen auf dem Feld. Als er heimging und in die Nähe des Hauses kam, hörte er Musik und Tanz. Da rief er einen der Knechte und fragte, was das bedeuten solle. Der Knecht antwortete: Dein Bruder ist gekommen und dein Vater hat das Mastkalb schlachten lassen, weil er ihn heil und gesund wiederbekommen hat. Da wurde er zornig und wollte nicht hineingehen. Sein Vater aber kam heraus und redete ihm gut zu. Doch er erwiderte dem Vater: So viele Jahre schon diene ich dir und nie habe ich gegen deinen Willen gehandelt; mir aber hast du nie auch nur einen Ziegenbock geschenkt, damit ich mit meinen Freunden ein Fest feiern konnte. Kaum aber ist der hier gekommen, dein Sohn, der dein Vermögen mit Dirnen durchgebracht hat, da hast du für ihn das Mastkalb geschlachtet. Der Vater antwortete ihm: Mein Kind, du bist immer bei mir, und alles, was mein ist, ist auch dein. Aber jetzt müssen wir uns doch freuen und ein Fest feiern; denn

dein Bruder war tot und lebt wieder; er war verloren und ist wiedergefunden worden.

Gebet

Gott, Vorhaltungen, Minderwertigkeitsgefühle, Wut, mein Mangel an Erfahrungen von Wertschätzung und Geliebtsein, mein Mich-für-besser-Halten als andere, der Hinweis auf meine Leistung, das mich ständig Vergleichen bringen nichts … Schon gar keine Versöhnung, keine echte Freude, keine Dankbarkeit. Rechtzeitig muss ich auch für mich einfordern, was ich brauche, zugreifen und nehmen, was mir gehört und zusteht, was mich glücklich und zufrieden macht … Und mich herzlich mitfreuen mit all denen, die erkannt haben, welchen Mist sie fabriziert und in welche Güllegrube sie gefallen sind. Warum nur fällt ehrliche Mitfreude so schwer? Herr, hilf mir, mich mit den Menschen zu freuen, denn niemand nimmt mir irgendetwas weg. Und wenigstens bei dir bin ich in keiner Weise übersehen oder zurückgesetzt.

15. Jesus stirbt am Kreuz

Das ist eines der interessantesten Bilder dieses Kreuzweges. Da steht Maria. Aber der zweite Platz, den eigentlich der Jünger, den Jesus liebte, einnimmt, ist frei, ist leer.
Ich denke, das will sagen: Ich darf mich dazustellen. Das ist mein Platz, denn ich bin ja der Jünger, die Jüngerin, die Jesus liebt. Wir sind diejenigen, die seine Worte hören dürfen, diese Worte, in denen Jesus noch einmal bittet: Vater, nagle sie nicht fest auf ihr Leben, auf ihre Schuld, schau auf ihr Herz! Vater, vergib ihnen, sie wissen so oft nicht, was sie tun. Wir dürfen miterleben, wie Jesus Menschen einander ans Herz legt: Frau, siehe da, dein Sohn! Sohn, siehe deine Mutter. Wir dürfen hören, wie es Jesus dürstet, viel weniger nach einem betäubenden Trank als nach Menschen, die ihn lieben, die ihn bezeugen, die sich in seine Nachfolge rufen lassen. Wir dürfen mit dem Schächer am Kreuz Jesus bitten: Du, bitte, denk an mich! – Und wir dürfen gewiss sein, dass sich auch für uns das Paradies öffnet … Wir dürfen mit Jesus unser Uns-verlassen-

vorkommen Gott entgegen rufen und mit ihm unser Gottvertrauen bekennen … Und wir können ihn beten hören: Es ist vollbracht. Wir dürfen miterleben, wie er sein Leben in die Hände seines Vaters zurücklegt.

Noch größer ist für mich aber die Einladung, uns Jesu Art des Gebets zu eigen zu machen, barmherzig, großzügig im Beten zu sein, nicht nur um uns zu kreisen, Leben und Leiden, Glück und Freude aller Menschen in die Hände des Vaters zu legen …

Ganz bei ihm dürfen wir sein. Von ihm lernen.

Immer wieder möchte ich mir bewusst machen, was sein Beten für mich bedeutet, und immer wieder neu über seine Liebe staunen, die er durchgehalten hat bis zum letzten Atemzug, die ihm kein Soldat, kein Überfrommer, kein Verleumder, kein Peiniger austreiben konnte …

Angesichts solchen Geschehens, solcher Hingabe, solcher Liebe bis zum Äußersten kann ich nicht glauben, dass unser Gott auf Strafe aus ist, Rache sinnt, Schuld aufzählt, sich wie ein himmlischer Superpolizist gebärdet.

Hat nicht Paulus schon geschrieben: Der Schuldschein, der gegen uns lautete, ist zerrissen? Alle Schuld ist bezahlt.

Schriftwort:
Phil 2,5-11

Seid untereinander so gesinnt, wie es dem Leben in Christus Jesus entspricht: Er war Gott gleich, hielt aber nicht daran fest, wie Gott zu sein, sondern er entäußerte sich und wurde wie ein Sklave und den Menschen gleich. Sein Leben war das eines Menschen; er erniedrigte sich und war gehorsam bis zum Tod, bis zum Tod am Kreuz.

Darum hat ihn Gott über alle erhöht und ihm den Namen verliehen, der größer ist als alle Namen, damit alle im Himmel, auf der Erde und unter der Erde ihre Knie beugen vor dem Namen Jesu und jeder Mund bekennt: „Jesus Christus ist der Herr" – zur Ehre Gottes, des Vaters.

Gebet

Gott, staunend stehe ich vor deiner Liebe, die so weit geht, dass Jesus die Arme ausbreitet, um die ganze Welt liebevoll zu umfangen und zu bergen. Jeder Mensch soll erfahren: So bist du! Grenzenlos in deiner Liebe, anstiftend zum Lieben, Kraft schenkend für all die Situationen, in denen das Lieben weh tut und Schmerz bereitet. Danke, Herr!

16. Jesus wird vom Kreuz herabgenommen und in den Schoß seiner Mutter gelegt

Das Wort des greisen Simeon: „Deine Seele wird ein Schwert durchdringen!", wird Maria oft beschäftigt haben. Vergessen hat sie es ganz gewiss nicht. Ob sie daran denkt, als sie Jesus im Arm hält, ein letztes Mal in ihrem Schoß liegen hat?

So weit geht Gottes Liebe. Zu solcher Hingabe ist er bereit. Für mich ist jede Pieta eine Interpretation dessen, was der Priester bei der Feier der Heiligen Messe den Menschen zuruft: „Seht, das Lamm Gottes, der Herr, der alle Sünde und Schuld der Welt trägt!" Stellvertretend, um uns zu befreien, hat er sein Leben hingegeben.

Freiwillig ist er diesen Weg gegangen, die Konsequenz seines Lebens, die sichtbar gewordene Liebe des Vaters zeigend.

Ein Gott, der so liebt, ein Gott, der sich selbst verschenkt, ein Gott, der keine Opfer will, ein Gott, der keine Sünde rächt, ein Gott, der durch Lieben verwandelt, ein Gott, der seine Menschen nie vergisst, nie verurteilt, sondern der Liebe zum Durch-

bruch verhilft, ist es, dem wir glauben, dem wir in jeder Eucharistiefeier unsere Dankbarkeit bringen, dem wir uns als Werkzeuge zur Verfügung stellen, damit sein Wesen aufscheint und sein Reich in unserer Welt Gestalt gewinnt.
Vielleicht sollten wir immer wieder beten: Herr, ich bin nicht würdig …, oder singen: „Ich danke dir von Herzen, o Jesus liebster Freund, für deines Todes Schmerzen, da du´s so gut gemeint. Ach gib, dass ich mich halte, zu dir und deiner Treu, und wenn ich einst erkalte, in dir mein Ende sei …!"

GL 179,5

Menschen, die Abschied nehmen müssen, loslassen, denen der Tod liebe Menschen von der Seite gerissen hat, wissen: es tut wahnsinnig weh. Sie verstehen und fühlen mit.

Ob wir nicht für sie alle beten, an sie denken sollten? Vor allem: für sie da sein, wenn sie Trost und Beistand brauchen?

Schriftwort:
Joh 12,24–26

Amen, Amen, ich sage euch: Wenn das Weizenkorn nicht in die Erde fällt und stirbt, bleibt es allein; wenn es aber stirbt, bringt es reiche Frucht. Wer an seinem Leben hängt, verliert es; wer aber sein Leben in dieser Welt gering achtet, wird es bewahren bis ins ewige Leben. Wenn einer mir dienen will, folge er mir nach; und wo ich bin, dort wird auch mein Diener sein. Wenn einer mir dient, wird der Vater ihn ehren.

Gebet

Gott, beten möchte ich für alle, die sich einfach verschenken. Danken möchte ich dir für alle, die mich davon etwas erfahren ließen. Und bitten möchte ich für alle Trauernden und Verlassenen, alle Unbedankten und jene, die von dir sagen, es kann dich nicht geben, weil so viel Kreuz und Leid in der Welt sind. Lass ihre Fragen Antworten finden und unser Leben vielfältig Frucht bringen.

17. Jesus wird ins Grab gelegt

Es ist ein kleiner Trauerzug, ein winziges Grüppchen, das Jesus auf dem Weg zum Grab begleitet. Unfassbar, verstörte Blicke. Sie scheinen sich am Salbgefäß festzuhalten, bahnen den Weg, funktionieren, tun, was Brauch ist.
Begraben, beerdigen, das kennen wir genauso gut, wie das Dastehen bei lieben Verstorbenen, wie eine letzte zärtliche Berührung, wenn wir nicht sogar Angst davor haben, wie ein gutes Wort, ein Streicheln …

Und dann der schwere Weg auf dem Friedhof. Die Endgültigkeit des Todes. Die eingetretene Distanz, das Grab, das Ablassen des Sarges, der Erdwurf … Jesu Grab war unter den Gräbern unserer Verstorbenen.
Aber Jesu Grab war nicht die Endstation. Wer so liebt, wer so lebt, wer sich so hingibt und verschenkt, den kann der Tod nicht festhalten, der ist ins Leben der Auferstehung gerufen. Dessen Leben ist zum Weizenkorn geworden, das Frucht bringt.

Es geht nicht darum, einen Toten ein wenig zu konservieren. Es geht darum, einem Lebenden zu glauben. Die Kirche lehrt, dass Jesus am Karsamstag in die Welt des Todes hinabgestiegen ist, die Toten zum Leben gerufen hat, herrlich ausgedrückt in all den Bildern, wo er den Adam und die Eva an der Hand fasst und ins Leben führt, in deren Schlepptau alle Verstorbenen …

Dahin führt unser Lebens- und Glaubensweg, in Gottes Ostern.

In ihm sind alle Menschen am Ziel. Bei ihm gibt es kein Vergessen. Er kennt uns besser und tiefer als wir selber uns kannten. Er versteht uns und vollendet unser Leben.
Er ruft immer ins Leben, wenn wir geboren werden und wenn wir sterben. Aber den Schritt durch das dunkle Tor des Todes wird uns nicht erspart. Da ist es gut, wenn wir uns mit ihm vertraut gemacht haben, ein Leben lang, und im Herzen wissen: Der Tod ist wie eine Tür, die sich auftut zur Heimkehr zu Gott.

Schriftwort:
Joh 20,11–13

Maria aber stand draußen vor dem Grab und weinte. Während sie weinte, beugte sie sich in die Grabkammer hinein. Da sah sie zwei Engel in weißen Gewändern sitzen, den einen dort, wo der Kopf, den anderen dort, wo die Füße des Leichnams Jesu gelegen hatten. Die Engel sagten zu ihr: Frau, warum weinst du? Sie antwortete ihnen: Man hat meinen Herrn weggenommen und ich weiß nicht, wohin man ihn gelegt hat.

Gebet

Gott, ich bitte dich für alle Trauernden, für alle die festhalten wollen und nicht loslassen können. Segne auch alle, die auf unseren Friedhöfen und in den Bestattungsinstituten arbeiten. Bewahre sie vor jeder negativen Routine. Nimm uns die Angst vor dem Tod und steh uns im Sterben bei. Lass uns glauben und hoffen, dass der Tod eine dunkle Tür ist, hinter der sich Leben in Fülle auftut, hinter der du uns ganz neu begegnest und unser Leben gültig machst.

18. Auferstehung

Jesus in Siegerpose. Bei Kirchenführungen mit Kindern höre ich, wenn wir dieses Bild anschauen sehr oft: Der hat ein Tor geschossen! Der hat gewonnen. Ja, Jesus tritt uns als Sieger entgegen, wenn auch als ernster Sieger. Er scheint die Augen noch ganz nach unten gerichtet zu haben, auf den Schlangenkopf, auf dem er steht. Dieser Schlangenkopf reißt immer noch das Maul auf, schaut, ob er noch jemanden in den Tod, in den Untergang mitreißen kann. Aber er hat ausgespielt …

Es sind nur zwei Schritte, eine kleine Drehung in unserer Kirche, zwischen der Station des Grabes und dem auferweckten Gekreuzigten, der uns lebensgroß entgegentritt. Es geht uns fast wie den Jüngern, wie Maria von Magdala und den anderen Frauen damals. Unfasslich ist diese Botschaft. Unerwartet, obwohl angekündigt,

Mitfreuen dürfen wir uns mit ihm, mitstaunen, Halleluja singend die Arme hochreißen, wie es uns die Menschen mit ihrem unglaublichen Jubel in den Stadien vormachen, wenn Tore fallen, Sieger aufs Podest treten, Entscheidungen gefallen sind, selbst wenn diejenigen es noch gar nicht glauben können, von der Anstrengung noch gezeichnet sind.

Uns sagt dieses Bild: Das wird auch mein Weg sein. Nicht der Tod hat das letzte Wort, sondern der, der ins Leben ruft. Jesus zeigt mir, wo es hingeht und warum es so ist: Wer so liebt, so lebt, sich so hingibt, hat recht, der/die bleibt nicht im Tod, die Liebe hält kein Tod, kein Grab fest …

Schriftwort:
Ps 18,2-3.5.7ab.20.29-30.37.50

Ich will dich rühmen, Herr, meine Stärke,
Herr, du mein Fels, meine Burg, mein Retter,
mein Gott, meine Feste, in der ich mich berge,
mein Schild und sicheres Heil, meine Zuflucht.
Mich umfingen die Fesseln des Todes,
mich erschreckten die Fluten des Verderbens.
In meiner Not rief ich zum Herrn und schrie zu meinem Gott.
Er griff aus der Höhe herab und fasste mich,
zog mich heraus aus gewaltigen Wassern.
Er führte mich hinaus ins Weite,
er befreite mich, denn er hatte an mir Gefallen.
Du, Herr, lässt meine Leuchte erstrahlen,
mein Gott macht meine Finsternis hell.
Mit dir erstürme ich Wälle,
mit meinem Gott überspringe ich Mauern.
Du schaffst meinen Schritten weiten Raum,
meine Knöchel wanken nicht.
Darum will ich dir danken, Herr, vor den Völkern,
ich will deinem Namen singen und spielen.

Gebet

Gott, jeden Morgen übe ich mich ein ins Auf-erstehen. Jeden Frühling gibst du uns Nachhilfeunterricht wenn das Leben nach dem Tod und der Starre des Winters neu hervorbricht. Jede Hoffnung, die keimt, jedes erste Wort nach eisigem Schweigen, jede ausgestreckte Hand nach jahrelangem Streit, jeder Neubeginn nach Enttäuschung und Untreue, wollen uns auf die Bahn des Lebens bringen, das du uns schenkst. So dürfen wir kleine Ahnungen sammeln von jenem Ostern, das du uns bereithältst und selber für uns bist.

19. Jesus begegnet Maria von Magdala

Die einen haben sich in Sicherheit gebracht, eingesperrt. Sie haben den Schock noch nicht überwunden. Die Panik, dass ihnen Ähnliches passieren könnte, hat sie noch fest im Griff.
Eine aber, voller Liebe und Zuneigung, voller Sehnsucht, hat sich auf den Weg gemacht. Mit verweinten Augen, mit schwerem Herzen. Aber sie will ihm wenigstens an seinem Grab nahe sein. Da überstürzen sich die Ereignisse. Das Grab ist leer. Jesus ist nicht da. Den, den sie vorfindet, hält sie für den Gärtner. Ihn spricht sie an, voller Fragen, mit zupackender Absicht. Da hört sie *seine Stimme*, da sagt der ganz vertraut ihren Namen: *Maria*. Sie rennt auf ihn zu, packen, umarmen möchte sie ihn, wieder seine Nähe verkosten. Doch er hält sie auf: Lass mich gehen! Halte mich nicht fest. Sag den andern …
Liebe sucht und findet, Liebe ermöglicht Erfahrungen, Liebe glaubt und rennt los. So wird sie als große Liebende zur Apostolin der Apostel, zur ersten Osterzeugin überhaupt, sie als Frau …

Und die anderen? Sie halten sie für übergeschnappt, durchgedreht. Es war einfach zu viel für sie. Zwei aber bleiben nicht sitzen: Petrus und der Jünger, den Jesus liebte. Wieder ist Liebe im Spiel. Es kommt zum Osterwettlauf und die Liebe gewinnt, aber sie achtet die Autorität. Jetzt erfahren auch die Männer, jetzt finden auch sie zum Glauben, werden sie zu Verkündern der Tatsache: Er lebt! Sind es nicht oft die Mütter und Großmütter, die Kindern und Enkeln von Gott, von Jesus erzählen? Verzichtet unsere Kirche da nicht auf einen großen Schatz, auf viele Talente, eine ganz neue Sprache, ein sensibles Suchen mit dem Herzen, einen neuen Umgang mit Sehnsucht?

Es ist ihr sicher schwergefallen, ihrem Jesus nicht um den Hals zu fallen, zu gehen, zu erzählen … Hätte das nicht ein paar Augenblicke Zeit gehabt? – Nein sie muss loslassen, wie auch wir liebste Menschen loslassen müssen, auf Christus, auf die Vollendung hin, ins österliche Leben hinein. Und trotzdem dürfen wir von unserer Hoffnung erzählen …

Schriftwort:
Joh 20,14-18

Als sie das gesagt hatte, wandte sie sich um und sah Jesus dastehen, wusste aber nicht, dass es Jesus war. Jesus sagte zu ihr: Frau, warum weinst du? Wen suchst du? Sie meinte, es sei der Gärtner, und sagte zu ihm: Herr, wenn du ihn weggebracht hast, sag mir, wohin du ihn gelegt hast. Dann will ich ihn holen. Jesus sagte zu ihr: Maria! Da wandte sie sich ihm zu und sagte auf hebräisch zu ihm: Rabbuni!, das heißt: Meister.

Jesus sagte zu ihr: Halte mich nicht fest; denn ich bin noch nicht zum Vater hinaufgegangen. Geh aber zu meinen Brüdern und sag ihnen: Ich gehe hinauf zu meinem Vater und zu eurem Vater, zu meinem Gott und zu eurem Gott. Maria von Magdala ging zu den Jüngern und verkündete ihnen: Ich habe den Herrn gesehen. Und sie richtete aus, was er ihr gesagt hatte.

Gebet

Gott, stärke unsere Freude an dir, an deinen Verheißungen und vertiefe unseren Glauben. Öffne die Herzen der Menschen für das Glaubenszeugnis so vieler und lass auch mein Verkünden und Erzählen auf fruchtbaren Boden fallen. Gott lass mich am Fragen und Suchen bleiben und die Liebe den Beweggrund all meines Tuns sein. Bewahre mich vor Floskeln und Funktionärsverhalten, lass mich authentisch und herzlich Ostern ausrichten: Du lebst – und schenkst uns immer wieder neu, und einmal für immer, dein Leben.

20. Jesus geht mit den Jüngern von Emmaus

Ich weiß nicht, ob es vom Künstler so gedacht ist. Mir drängt sich der Eindruck auf. Emmaus mit seinen Häusern und seinen Feldern wirkt für mich wie eine Grabstätte.

Von dort sind sie doch aufgebrochen. Es war ihnen zu eng. Sie haben mehr machen wollen aus ihrem Leben. Sie haben von diesem Jesus gehört und sind ihm nachgelaufen, vielleicht gegen den Widerstand ihrer Familien, unter dem Spott ihrer Freunde. Sie haben Sicherheiten und Vertrautes aufgegeben, auf Risiko hin. Und jetzt? Jetzt müssen sie zurück, heimkehren, sich dem Gerede und Gespött aussetzen: Sind wir jetzt wieder gut genug? So, seid ihr wieder da? Der Traum von eurer großen Karriere ging aber schnell zu Ende!

Ich kann die beiden gut verstehen, dass sie für die paar Kilometer fast einen ganzen Tag brauchen. Ich stelle sie mir vor, wie sie immer wieder stehen bleiben, ins Diskutieren kommen, erst recht, als sich dieser Unbekannte zu ihnen gesellt hat. Dass jemand nichts davon weiß, was sie beide so fertig

macht, was ihre Pläne, ihre Zukunft zerstört, das fassen sie einfach nicht.
Und sie erzählen und erzählen und erzählen …
Mit hängenden Köpfen lassen sie sich Fragen gefallen, Fragen, die sie weiterbringen, die ein so spannendes Gespräch auslösen, dass die Zeit wie im Flug vergeht und sie diesen Wegbegleiter unbedingt einladen müssen.
Vielleicht wird dann die Reaktion im Dorf, bei ihren Angehörigen nicht gleich so heftig! Ablenkung tut gut. Und so einen trifft man nicht alle Tage.
Sie laden ein und erfahren ein Mitgehen, ja der Wegbegleiter schlüpft sogar in die Rolle des Hausherrn, er bricht das Brot, gibt es ihnen …
Da fällt es wie Schuppen von ihren Augen, da wird alles klar, da geht ihnen ein ganzer Kronleuchter auf … Bis sie aber schauen, zu sich kommen, um Fassung ringen, sind sie allein am Tisch …
Ob Emmaus nicht überall ist, wo Menschen von Freud und Leid erzählen, sich Frohe Botschaft verkünden lassen, Fragen nicht ausweichen, einladende Gastgeber sind und in seinem Namen das Brot brechen?
Ob da nicht Glaubenserfahrungen, das Spüren von seiner Gegenwart, bis heute geschieht und Lebensfragen Antworten, Nöte Erlösung finden?

Schriftwort:
Psalm 23

Der Herr ist mein Hirte, nichts wird mir fehlen. Er lässt mich lagern auf grünen Auen und führt mich zum Ruheplatz am Wasser. Er stillt mein Verlangen; er leitet mich auf rechten Pfaden, treu seinem Namen. Muss ich auch wandern in finsterer Schlucht, ich fürchte kein Unheil; denn du bist bei mir, dein Stock und dein Stab geben mir Zuversicht. Du deckst mir den Tisch vor den Augen meiner Feinde. Du salbst mein Haupt mit Öl, du füllst mir reichlich den Becher. Lauter Güte und Huld werden mir folgen mein Leben lang und im Haus des Herrn darf ich wohnen für lange Zeit.

Gebet

Gott, du kennst die Wege, die mir schwer fallen, wo mich die Bedenken gefangen halten, wo ich eigentlich nicht ankommen will, weil ich nicht weiß, was ich sagen und wie ich mich verhalten soll. Dir bin ich wichtig, unterwegs darf ich dir meine Fragen, meine wirren Gedanken, meine Enttäuschung und meine Ratlosigkeit, meine Angst vor dem, was auf mich zukommt, erzählen. Lass mir aufgehen, warum vielleicht alles so sein muss. Lass in mir die Gewissheit wachsen, dass du alles herumreißen kannst. Lass mir dein Licht aufgehen und erwärme mein Herz immer wieder neu für das blinde Vertrauen, das ich dir gegenüber haben darf. Denn du bist da – auch für mich, ganz besonders dann, wenn ich meine, du hast mich verlassen. Herr, hilf mir glauben, es ist nicht leicht.

21. Heimkehr Jesu zum Vater

"Was steht ihr da und schaut zum Himmel?" Dumme Frage, wo sie doch gerade erlebt haben, dass da einer aufgebrochen, weggegangen ist. Rechts und links von ihm sind sie gestanden, geredet haben sie mit ihm, und jetzt? Er ist zum Weg geworden. Zum Weg in die Vollendung. Der Himmel ist offen. Heimkehr zum Leben, das Platzhaben des ganzen Menschen in Gott ist versprochen. Kein Wunder, dass sie da mit ihrem ganzen Körper, mit ausgestreckten Händen, mit Fingerzeigen sich die Hälse verrenken.

Eine neue Dimension, ein neuer Weg tut sich auf. Vollendung ist in Sicht. "Ich gehe hin um euch einen Platz zu bereiten, damit auch ihr dort seid, wo ich bin.", hatte er ihnen gesagt.

Entgrenztes Leben, offener Himmel, Heimkehr in die Fülle der Liebe des Vaters, das braucht erst einmal Verstehen, Fassen, Deuten. Davon muss man sich doch erst einmal ein Bild machen, sich mit dem Gedanken anfreunden, sich für die Tatsache öffnen: Diese Welt ist nicht alles. Es gibt mehr, es gibt Größeres, es gibt eine Wirklichkeit, die wir nicht sehen, nicht greifen, uns nicht ausmalen können, und die dennoch real ist.

Ist es nicht unsere Erfahrung, dass wir dann am glücklichsten sind, wenn alle da sind, die wir lieben? Wenn sich wieder einmal alle treffen, wenn keiner fehlt? Und wenn das schon bei allem zwischenmenschlichen und innerfamiliären Hickhack bei uns Menschen so ist, wie viel mehr dann bei Gott?

Seine Liebe ruft uns zu sich. Er will uns bei sich haben. In ihm sind wir geborgen. Und so führt unser Lebensweg, der Bildweg unserer Kirche, dorthin, woher wir alle gekommen sind, zu dem, aus dem alles geworden ist, zu dem, der uns sendet, diese Botschaft der Welt und den Menschen ja nicht schuldig zu bleiben.

Aus seiner Liebe kommen wir, kommt alles.

Seine Liebe führt und leitet uns.

Seine Liebe mündet ins Horchen, in die Anbetung und in die Nachfolge.

Seine Liebe lässt keinen Menschen allein, nicht auf den Holz- und schon gar nicht auf den Kreuzwegen, die wir gehen und erleiden.

Seine Liebe gibt keine Ruhe, bis wir wieder ganz und für immer in IHM sind. Ist das nicht wirklich eine Frohe Botschaft?

Schriftwort
Apg 7,54- 8,1a

Bei diesen Worten gerieten die Mitglieder des jüdischen Rates über Stephanus in solche Wut, dass sie mit den Zähnen knirschten. Stephanus aber blickte zum Himmel empor, vom Heiligen Geist erfüllt; er sah Gott im Glanz seiner Herrlichkeit und Jesus an seiner rechten Seite und rief: „Ich sehe den Himmel offen und

den Menschensohn an der rechten Seite Gottes stehen!"
Als sie das hörten, schrien sie laut auf und hielten sich die Ohren zu. Alle miteinander stürzten sich auf Stephanus und schleppten ihn vor die Stadt, um ihn zu steinigen. Die Zeugen legten ihre Oberkleider vor einem jungen Mann namens Saulus ab, damit er sie bewachte. Während sie ihn steinigten, bekannte sich Stephanus zu Jesus, dem Herrn, und rief: „Herr Jesus, nimm meinen Geist auf!" Dann fiel er auf die Knie und rief laut: „Herr, strafe sie nicht für diese Schuld!" Mit diesen Worten starb er.

Gebet

Gott, lass auch über mir immer wieder deinen Himmel offen stehen. Bewahre mich davor, mich zu vergraben, mich einzuigeln, den Kopf hängen zu lassen. Lass mich Ausschau halten nach dir. Schenke mir Mut und Zuversicht. Stärke mich für die Wirklichkeit, die du bist, und lass mich, sei was will, einwurzeln in der Fülle deiner Liebe, Halt finden in dir, und ganz gewiss sein: Du bist bei mir und umgibst mich von allen Seiten. Mach mich frei vom Starren auf Gegner und Leute, die mich ablehnen und bekämpfen. Lass mein Herz und meine Augen dich finden.

Anhang

Autor

Albert L. Miorin, geboren 1958 in Memmingen
Studium der Religionspädagogik und Kath. Theologie in München, Augsburg und Regensburg
Priesterweihe 1985 in Augsburg
seit 1997 Pfarrer in Augsburg-Heilig Geist

Künstler

Michael Veit
geboren 1941 in Lindau/Bodensee
1961-1962 Studium an der Akademie der bildenden Künste in Karlsruhe bei Professor Loth
1962-1965 Meisterschüler bei Prof. Henselmann in München, Akademiepreise, Stipendien
Studienreisen nach Italien, Frankreich, Griechenland, Holland und Spanien
1965-1967 Aufenthalt in Lateinamerika (Mexico, Guatemala, Honduras)
seit 1967 als freischaffender Künstler in München tätig. Aufträge von staatlichen, städtischen, privaten und kirchlichen Stellen.
Tätigkeitsspektrum u. a.: Erstellen von Freiplastiken in Bronze und Stein, Kirchenumgestaltungen, Anfertigung von sakralen Kultgegenständen in Silber und Gold

Fotograf

Klaus Hochhuber
geboren 1954 in Augsburg
lebt in Friedberg-West bei Augsburg
seit 25 Jahren Amateurfotograf

Ebenfalls in diesem Format ist erschienen:

Lichtweg – Via Lucis

Dem Auferstandenen begegnen

ISBN 978-3-7761-0253-6 · 64 S. · Hardcover

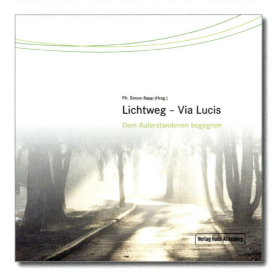

Ebenfalls in diesem Format ist erschienen:

Was machen die denn da?

Auf dem Weg zur Krippe

ISBN 978-3-7761-0261-1 · 88 S. · Hardcover

ISBN 978-3-7761-076-5

Verlag Haus
Altenberg GmbH
Düsseldorf